BEI GRIN MACHT SICH IHR WISSEN BEZAHLT

Grundlagen der Blockchain Technologie und deren Anwendungsfälle durch Smart Contracts und Non Fungible Tokens

Michael Dördrechter

Bibliografische Information der Deutschen Nationalbibliothek:

Die Deutsche Nationalbibliothek verzeichnet diese Publikation in der Deutschen Nationalbibliografie; detaillierte bibliografische Daten sind im Internet über http://dnb.d-nb.de abrufbar.

ISBN: 9783346584953
Dieses Buch ist auch als E-Book erhältlich.

Druck und Bindung: Books on Demand GmbH, Norderstedt Germany
Gedruckt auf säurefreiem Papier aus verantwortungsvollen Quellen

Das vorliegende Werk wurde sorgfältig erarbeitet. Dennoch übernehmen Autoren und Verlag für die Richtigkeit von Angaben, Hinweisen, Links und Ratschlägen sowie eventuelle Druckfehler keine Haftung.

Das Buch bei GRIN: https://www.grin.com/document/1168273

IT-Consulting und Dienstleistungsmanagement

IU Internationale Hochschule Duales Studium München

Studiengang: Wirtschaftsinformatik

„Grundlagen der Blockchain Technologie und deren Anwendungsfälle durch Smart Contracts und Non Fungible Tokens"

Michael Dördrechter

Abgabedatum: 20.01.2022

Inhaltsverzeichnis

I. Abbildungsverzeichnis

II. Abkürzungsverzeichnis

NFT   Non Fungible Token

FT   Fungible Token

DAPPs   Dezentrale Applikationen

1 Einleitung

1.1 Die Geschichte des Bitcoins

Im November 2008 wurde das Konzept des Bitcoins in einem White Paper von einer Person oder Gruppe unter dem Pseudonym „Satoshi Nakamoto" auf einer Mailing-Liste über Kryptographie vorgeschlagen. Bis heute ist ungeklärt, wer sich hinter diesem Pseudonym verbirgt. Das Konzept beschreibt eine Peer-to-Peer Version von elektronischem Bargeld, welche es ermöglicht „Online-Zahlungen direkt von einer Partei an eine andere zu senden, ohne ein Finanzinstitut bemühen zu müssen" (Satoshi Nakamoto, 2008). In der Einführung des Whitepapers und in einem Forum werden die Beweggründe für eine solche Währung dargelegt: „Das Kernproblem konventioneller Währungen ist das Ausmaß an Vertrauen, das nötig ist, damit sie funktionieren. „Der Zentralbank muss vertraut werden, dass sie die Währung nicht entwertet, doch die Geschichte des Fiatgeldes ist voll von Verrat an diesem Vertrauen. Banken muss vertraut werden, dass sie unser Geld aufbewahren und es elektronisch transferieren, doch sie verleihen es in Wellen von Kreditblasen mit einem kleinen Bruchteil an Deckung" (Satoshi Nakamoto, 2009). Es lässt sich erkennen, dass hier vor allem die unendlichen Ressourcen des Geldes und die daraus resultierende steigende Inflation und Entwertung des Geldes als Hauptproblem angesehen werden. Als weitere Probleme gelten, dass den Banken die Privatsphäre der Kunden anvertraut werden muss und dass durch den hohen bürokratischen Aufwand und die Zusatzkosten sogenannte „Micropayments", die Überweisung von kleinen Summen, nicht möglich ist.

Diese Probleme sollen durch den Bitcoin gelöst werden, welcher, anders als bei der Ausgabe neuer Banknoten durch Zentralbanken, neue Bitcoin-Einheiten durch das computerbasierte Lösen kryptischer Aufgaben (Mining) erschafft. Wichtig ist hierbei, dass die Maximalmenge jedoch auf 21 Millionen Bitcoins beschränkt ist und somit als endlich gilt. Das System hinter dem Bitcoin ist eine von allen Teilnehmern verwaltete dezentrale Datenbank, in der alle Transaktionen einsehbar in einer Blockchain aufgezeichnet werden. Eine genaue Erklärung erfolgt im Kapitel „2.1 Blockchain Technologie".

Im Laufe der Zeit erlangte der Bitcoin eine steigende Aufmerksamkeit der Öffentlichkeit, Finanzmarktteilnehmern und Anlegern sowie institutioneller Investoren. So wurde im April 2013 ein Bitcoin mit 200$ bewertet. Wohingegen fünf Jahre später im Dezember 2017 der Wert eines Bitcoins fast 20.000$ erreichte. Als Gründe hierfür gelten vor allem auf der Etablierung weiterer Kryptowährungen und „den im Vergleich zu anderen Vermögenswerten ausgeprägten Wertschwankungen und die oft gestiegenen Bewertungsniveaus" (Deutsche Bundesbank, 2021). Zusätzlich befindet sich die amerikanische und europäische Wirtschaft in einer durch die Zentralbanken veranlassten extremen Inflation, wie Satoshi Nakamoto im Jahr 2008 vorausgesagt hat. So stieg die Inflation in der USA im Oktober 2021 auf ein 30-jähriges Hoch, was dazu führte, dass der Bitcoin ein Allzeithoch von knapp 69.000$ erreichte. Hierbei wird angemerkt, dass die verschiedensten Einflüsse, wie die Covid-19 Pandemie oder Lieferengpässe zu dieser Inflationsrate führten.

Abbildung 1: Inflationsrate im Jahr 2021 in Deutschland und USA

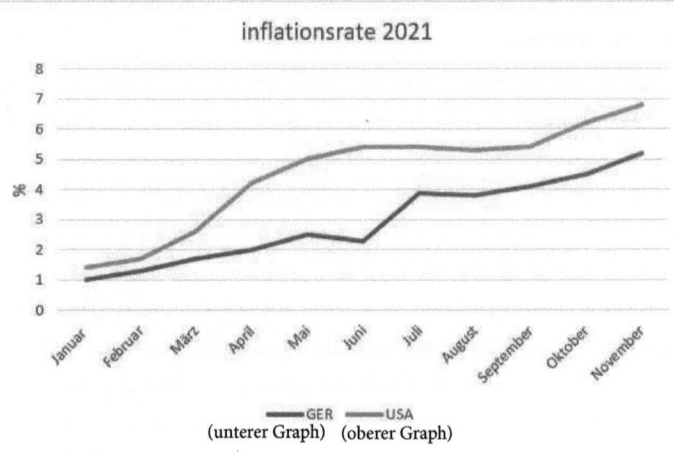

inflationsrate 2021

━━GER ━━USA
(unterer Graph) (oberer Graph)

Quelle Eigene Darstellung, 2021

1.2 Hinführung zum Thema

Nach dem Erfolg des Bitcoins haben sich zahlreiche weitere Kryptowährungen etabliert, wobei der Bitcoin bezüglich der Marktkapitalisierung immer noch auf Platz eins steht. Der Nachfolger „Ethereum", welcher im Jahr 2015 offiziell launchte, basiert, genauso wie Bitcoin, auf der Blockchain-Technologie. Der große Unterschied besteht jedoch darin, dass Ethereum keine reine Kryptowährung ist, sondern auch eine Plattform für sogenannte dezentrale Applikationen (DApps), welche aus Smart Contracts bestehen. Die Funktionsweise und Technik wird in dem Kapitel „2.2 Smart Contracts" näher betrachtet. Durch DApps lassen sich eine unzählige Menge an Anwendungsfällen generieren und automatisieren. So können beispielsweise dezentrale Finanzsysteme, E-Voting Systeme oder das Identitätsmanagement automatisiert werden. Ein einfaches Beispiel ist, dass bei dem Kauf eines Grundstückes die Eintragung in ein Grundbuch ohne Notar und mit der Hilfe von Smart Contracts erfolgen könnte und auf der Blockchain vollzogen und festgehalten werden. Somit würde eine Dritte Instanz, in diesem Fall ein Notar, wegfallen. Im Zuge dessen sind noch viele weitere Kryptowährungen wie beispielsweise Tron, Cardano, und Solana entstanden, welche alle auf dem Prinzip der Blockchain Technologie basieren, sich aber in der Technik unterscheiden.

1.3 Themeneingrenzung und Forschungsfrage

Da es zum Zeitpunkt dieser Arbeit bereits unzählige Anwendungsfälle im Bereich DApps und Smart Contracts gibt, wird sich auf das Thema Digital Arts und Non fungible Tokens (NFT) fokussiert. Allerdings werden weitere Anwendungsfälle thematisiert. Es soll im Zuge der Arbeit die Forschungsfragen geklärt werden: *„Was ist ein NFT und worin liegt der Unterschied zu einem Fungible Token (FT)"* und *„macht die Umsetzung von digital Arts mit NFTs Sinn und welche weiteren Anwendungsfälle können mit NFTs und Smart Contracts abgedeckt*

2

werden? Zusätzlich soll auf Basis der Analyse ein Fazit und ein Ausblick in die Zukunft sowohl für NFTs als auch Kryptowährungen verfasst werden.

Um die Funktionsweise und den Zusammenhang hinter Kryptowährungen und NFTs zu verstehen, werden im nächsten Schritt wichtige technische Begriffe erklärt.

2 Theoretische Fundierung

2.1 Blockchain-Technologie

Bitcoin und Blockchain-Technologie sind mittlerweile den meisten Menschen ein Begriff, allerdings wissen nur wenige, was dahintersteht und wie diese funktionieren. Eine allgemeine und einfache Definition für die Blockchain-Technologie liefert Julian Hosp (2018): Eine Blockchain ist eine digitale Datei, in der dieselben Informationen von allen Mitgliedern einer Gesellschaft abgespeichert und Updates in regelmäßigen Zeitblöcken an die bereits bestehende Information gehängt werden, sodass jeder Teilnehmer die gesamte Information besitzt und sich nicht auf andere verlassen muss.

Um diese Funktionsweise im Detail zu verstehen, müssen die Begriffe Konsensus, Dezentralisierung und Blockchain definiert und anschließend ihr Zusammenspiel erklärt werden.

„Der Konsensus ist die Übereinstimmung darüber, was passiert ist und was nicht" (Hosp, 2018). Aktuell wird dies vor allem zentral beschlossen, zum Beispiel durch eine Person, eine Firma, den Staat. Ein Beispiel hierfür ist, dass eine Internetfirma wie Facebook oder Google die Entscheidung trifft, ihre Kundendaten abzuspeichern oder nicht. Bei einer zentralen Konsens Findung besteht allerdings nicht die Gefahr, dass zwei gegensätzliche Fälle als Realität gelten. Dies wird im Folgenden noch vertiefend erläutert.

„Die Dezentralisierung ist das Antonym von Zentralisierung und bedeutet, dass etwas wie Macht, Kontrolle, oder Vertrauen nicht nur auf einige wenige fokussiert ist, sondern sich auf viele oder sogar alle verteilt." (Hosp, 2018). In einem dezentralen System speichern nicht Facebook oder Google zentralisiert die Daten ihren Kunden, sondern jeder Nutzer speichert dezentralisiert einen Teil der Daten von jedem anderen. So wird ein Vertrag zwischen zwei Parteien auch nicht zentral in einem Grundbuch gespeichert, sondern von jeder anderen Partei, die auch einen Vertrag eingehen will, dezentral abgespeichert.

Die Blockchain Technologie stellt einen dezentraler Datenspeicher dar, welcher von einer Gruppe von Teilnehmern abgespeichert wird und in regelmäßigen Zeitabständen auf dem gleichen Stand gehalten wird. Das Updaten des dezentralen Datenspeichers erfolgt durch eine Abstimmung der Teilnehmer einer Gemeinschaft. Wenn sich beispielsweise in einem Zeitblock von 30 Minuten die Mehrheit der Teilnehmer, also 51%, auf einen neuen Dateieintrag geeinigt hat, wird dieser als Informationsblock in der Datei festgehalten und mit dem vorherigen Informationsblock der Datei verknüpft, beziehungsweise verkettet. Diese Verknüpfung geschieht, indem der letzte Eintrag des vorherigen Informationsblockes zugleich der erste Eintrag in dem neuen Informationsblock ist. Aus diesem Grund heißt es auch „Blockchain": Block steht für die

3

Informationsblöcke und „chain" bedeutet im englischen „verketten". Danach wird die Datei bei jedem Teilnehmer geupdatet und somit ist für jeden ersichtlich, welcher Konsens kreiert wurde. Dadurch, dass diese Informationsblöcke verkettet und aneinandergehängt werden, sind sie unveränderlich und manipulationssicher. In diesem Dateispeicher werden nun alle Transaktionen von Bitcoin festgehalten und aneinander gekettet. Dabei besitzt jedes Konto einen öffentlich einsehbaren Schlüssel, weshalb Kryptowährungen auch keine anonyme, sondern eine pseudonyme Währung sind. Der Wert eines Kontos entsteht folglich aus dem Saldo aller Transaktionen in der Vergangenheit.

Nun stellt sich die Frage, wie es möglich ist, dass es in dem gesamten Netzwerk ein Konsens über die Reihenfolge der Transaktionen gibt. Darin bestand die große Innovation des Bitcoins. „So schlug Nakamoto (2008) ein Konsensprotokoll (Consensus Protocol) vor: ein Regelwerk, das mithilfe kryptografischer Methoden die Reihenfolge der Transaktionen sowie die Schreibrechte für neue Transaktionen festlegt, ohne dass eine zentrale Instanz darüber bestimmen muss" (Deutsche Bundesbank, 2021). Durch eine sogenannte Hash-Funktion wird auf den Input einer Transaktion ein scheinbar beliebiger Output geliefert. Dieser ist allerdings nicht zufällig, sondern ein deterministisch bestimmtes Ergebnis in Form einer neuen Zeichenkette mit festgelegter Stellenzahl. Entscheidend ist dabei, dass es keine Möglichkeit gibt, von dem Output zurück auf den Input zu schließen. Die einzige Möglichkeit den richtigen Output zu erzielen ist es also verschiedene zufällige Inputs zu versuchen, bis der richtige erreicht wird. Bei einer Bitcoin Transaktion geschieht nun folgendes: „Damit ein neuer Eintrag vom Netzwerk anerkannt wird, muss der eintragende Teilnehmer einen passenden Hash-Input gefunden haben. Weil dies für jeden einzelnen Versuch sehr unwahrscheinlich ist, kann davon ausgegangen werden, dass eine extrem hohe Anzahl von Versuchen unternommen worden sein muss und damit eine große Menge Rechenleistung investiert wurde" (Deutsche Bundesbank, 2021). Im Anschluss wird der nächste Output generiert und der Prozess startet von vorne. Für das Bereitstellen von dieser Rechenleistung werden die Miner, durch welche die komplexen mathematischen Berechnungen erfolgen, in Bitcoins belohnt. Dieses Prinzip wird auch „Proof of Work" genannt.

Die folgende Abbildung stammt aus dem Whitepaper von Satoshi Nakamoto und visualisiert den Zusammenhang zwischen Informationsblöcken, der Hashfunktion und den Signaturen.

Abbildung 2: Transaktionen von Bitcoins

Anmerkung der Redaktion: Diese Abbildung wurde aus urheberrechtlichen Gründen entfernt.

Quelle: Nakamoto, 2008

Zusammengefasst unterscheidet sich die Blockchain von zentralen Anwendungen durch eine transparente, dezentrale Entscheidungsfindung und Speicherung. Kryptowährungen sind dabei nur ein Anwendungsfall, um die Blockchain-Technologie zu nutzen. Es gibt viele weitere Kryptowährungen, welche alle auf dem Prinzip der Blockchain-Technologie und deren Unveränderbarkeit basieren, allerdings durch unterschiedliche Algorithmen anders definiert sind und dadurch verschiedenste Anwendungsfälle verfolgen.

2.2 Smart Contracts

Das Konzept der Smart Contracts gibt es nicht erst seit der Erfindung der Blockchain Technologie. Der US-Amerikaner Nick Szabo führte bereits im Jahr 1994 den Begriff des Smart Contracts ein. Er definierte diesen als einen Ablauf, bei dem ein digitaler Vertrag mithilfe eines digitalen Programms und dem Rückhalt einer Gemeinschaft umgesetzt werden kann, sprich ein computergestütztes Transaktionsprotokoll, das die Bedingungen eines Vertrages ausführen kann (vgl. Hops 2018). Dabei nahm er an, dass der Verzicht auf eine menschliche Instanz zur Reduktion von Risiken, Transaktionskosten und Zeitaufwand führen und dies eine wesentliche Verbesserung im Vertragsrecht mit sich bringen könnte, selbst bei traditionellen Anwendungsfällen. Die Blockchain nimmt in diesem Fall nur die Funktion einer dritten, neutralen Partei ein, welche die Plattform und Sicherheit für die Smart Contracts bereitstellt.

An diesem Konzept wurde bis heute nichts verändert und der große Vorteil gegenüber dem herkömmlichen Vertragsrecht ist, dass die menschlichen „Vertragsparteien einander kein Vertrauen schenken – sie vertrauen lediglich darauf, dass die Maschine funktioniert" (Kaulartz, Heckmann, 2016). Die Maschine stellt in diesem Fall die Blockchain Technologie dar. Ein Smart Contract ist also ein programmierter Vertrag, welcher sich selbst erfüllt, sobald bestimmte Bedingungen eintreten. Einige Anwendungsfälle liegen vor allem im Bankenwesen und Finanzdienstleistungen bei beispielsweise Zahlungen und Abrechnungen. Dies hat sich auch in der Blockchain-Technologie durch dezentrale Exchanges bereits etabliert. Hierbei können Kryptowährungen dezentral und ohne Zwischeninstanz, wie einer zentralen Krypto Börse, getauscht werden.

Zum besseren Verständnis soll nun noch ein Beispiel gegeben und der Prozess visualisiert werden:

Abbildung 3: Wie ein Smart Contact funktioniert

Anmerkung der Redaktion: Diese Abbildung wurde aus urheberrechtlichen Gründen entfernt.

Quelle: BitPanda, 2021

In diesem Beispiel möchte Partei A „Bob" sein Haus verkaufen. Partei B „John" möchte dieses Haus kaufen. Der Smart Contract erhält nun auf der einen Seite von Bob die digitalisierte Besitzerurkunde und von John die digitale Kryptowährung. Wenn diese Assets gemäß dem Smart Contract übereinstimmen, tauscht er sie aus und Bob erhält die Kryptowährung und John die Besitzerurkunde. Dadurch, dass dieser Prozess auf der Blockchain Technologie abläuft, ist er nicht rückkehrbar, einsehbar und unumstritten. Der konkrete Vorteil zeichnet sich nun ab: der Prozess ist in wenigen Sekunden sicher und transparent abgewickelt, wohingegen ein Notartermin einen erheblichen finanziellen und zeitlichen Aufwand darstellt und ein Vertrauens- und Fehlerrisiko durch die menschliche, dritte Instanz mit sich bringt. Dass dieses Szenario so aktuell nicht umsetzbar ist, da ein Notar auch eine Aufklärungsfunktion darstellt, wird bei dem Beispiel nicht in Betracht gezogen.

2.3 Non-Fungible Tokens vs. Fungible Tokens

Nachdem die wichtigen Begriffe Blockchain Technologie, Kryptowährungen und Smart Contracts definiert und erklärt wurden, wird nun beschrieben in welchem Zusammenhang die Non fungible Tokens (NFTs) zu diesen stehen. Hierfür wird zuerst der Unterschied zu den Fungible Tokens erklärt und anschließend der technische Hintergrund erklärt.

Kryptowährungen sind sogenannte Fungible Tokens (FTs) oder auch Fungible Assets. Fungible Assets bedeutet im Deutschen so viel wie „ersetzbare" oder „austauschbare" Vermögenswerte. Beispiele hierfür sind Aktien, Währungen, Edelmetalle und viele weitere. So ist es nicht von Bedeutung welche Aktie eines

Unternehmens, welche Ein-Euromünze oder welchen Bitcoin eine Person besitzt. Es kann auf einer Börse ein Bitcoin verkauft und ein neuer gekauft werden, dabei ist der Wert immer der gleiche: ein Bitcoin. Der gleiche Nennwert und die gleichen Attribute können als gleich angesehen werden.

Dem gegenüber stehen NFTs. Nicht austauschbare Vermögenswerte sind zum Beispiel Häuser, Kunstwerke, Möbel oder Datensätze. So kann ein Haus zwar nachgebaut oder ein Kunstwerk wie die Mona-Lisa nachgemalt werden, aber das Haus mit den zugehörigen Attributen gibt es nur ein Mal. Genauso gibt es auch nur ein Original der Mona-Lisa. Die folgende Tabelle stellt die Unterschiede noch einmal detailliert dar.

Tab.1: FTs vs. NFTs

FTs	NFTs
Austauschbarkeit	**Nicht-Austauschbarkeit**
FT desselben Typs sind austauschbar, und ihr Wert wird nicht beeinflusst.	NFTs desselben Typs sind nicht austauschbar.
Einheitlichkeit	**Einzigartigkeit**
FT desselben Typs weisen dieselben Spezifikationen auf und alle Token sind identisch	Jeder NFT ist einzigartig
Teilbarkeit	**Unteilbarkeit**
Die FT können in kleinere gleichwertige Einheiten unterteilt werden.	NFTs sind unteilbar und ein Token dient als Basiseinheit.
Bequemlichkeit	**Substituierbarkeit**
FTs lassen sich leicht aufteilen und austauschen.	Token sind einzigartig und können in einer Vielzahl von Einstellungen verwendet werden, wie z. B. Gaming

Quelle: Eigene Darstellung In Anlehnung an APENFT, 2021

Mit den bisher geklärten Zusammenhängen der Blockchain Technologie lässt sich der technische Hintergrund einfach erklären. Ein NFT ist nichts anderes als eine Zeichenfolge, die auf der Blockchain gespeichert wird, ähnlich wie eine Transaktion. Durch die Smart Contracts ist es nun möglich auf Blockchains wie Ethereum oder Solana einen NFT zu erzeugen und diesen mit einem Referenzobjekt, wie einem Bild zu verknüpfen. Dieser Prozess nennt sich Minting. Wichtig ist, dass dabei eine Wallet, ein digitales Konto, mit der Plattform, welcher zur Erstellung genutzt wird und die Smart Contracts enthält, verbunden sein muss. Ähnlich wie bei einer Transaktion, müssen dabei Gebühren gezahlt werden, da Miner diese Aktion bestätigen müssen. Diese Gebühren werden als „Gas Fees" bezeichnet. Nachdem der NFT mit einer unverwechselbaren Zeichenfolge erstellt und mit einem Referenzobjekt verknüpft wurde, wird dieser in der Wallet abgelegt. Dadurch, dass dieser Prozess, welcher auch Tokenisierung von Vermögenswerten genannt wird, auf der Blockchain ausgeführt wird, ist er transparent und manipulationssicher. Es wird kein Token mit der gleichen Zeichenfolge auf der Blockchain geben, was ihn einzigartig und klar identifizierbar macht. Zusätzlich lassen sich einem Token bestimmte Metadaten anhängen.

3 Methodik

Nun wird in aller Kürze die Methodik der Arbeit vorgestellt. Zuletzt wurden in der theoretischen Fundierung wichtige Begriffe erklärt, welche alle aufeinander aufbauen. Die Blockchain Technologie hat Anwendungen wie Kryptowährungen und Smart Contracts ermöglicht. Diese haben im Zusammenspiel die Erstellung von NFTs möglich gemacht. Zusätzlich wurde der Begriff des NFTs von einem FT abgegrenzt, da dies eine entscheidende Rolle in der Analyse spielt. Für die Begriffe der Blockchain Technologie und Smart Contracts wurde ausgewählte Literatur von Professoren im Bereich Informatik und Blockchain verwendet. Vor allem das Buch „Blockchain 2.0" von Dr. Julian Hosp wurde für den theoretischen Teil verwendet. Da NFTs ein neues Phänomen sind, wurde sich hierbei an Internetquellen und an Whitepapers von etablierten NFT Organisationen orientiert. Der Hauptfokus dieser Arbeit liegt auf dem Wert von NFTs, welche aktuell vor allem im Bereich Digital Arts genutzt werden. So wird im Praxisteil ein kurzer Überblick über die Geschichte der Kunst und deren Fälschungen gegeben, um dann konkrete Anwendungsbeispiele von NFTs aufzuzeigen. Anschließend wird in einem Praxisbeispiel ein eigener NFT mit zugehörigen Metadaten erstellt, um die Transparenz der Technologie zu visualisieren. Dies geschieht über eine eigenentwickelte NFT Plattform auf die allerdings nicht weiter eingegangen wird, da es den Rahmen der Arbeit sprengen würde. In einer SWOT-Analyse werden die Stärken, Schwächen, Chancen und Gefahren von Digital-Arts mit NFTs analysiert und verschiedene Strategien vorgestellt. Abgerundet wird die Arbeit durch ein Fazit und Ausblick auf die Zukunft bezüglich Blockchain Technologie, Kryptowährungen und NFTs.

4 Die Entwicklung von Kunst und Fälschungen

Die Geschichte der Kunst erstreckt sich bis zu den Anfängen des Homo Sapiens. Von der Antike bis hin zur Gegenwart entwickelten sich unzählige Stilrichtungen, welche prägend für eine Epoche waren und von klar definierten Stilmerkmalen gekennzeichnet wurden. In der Renaissance entstand das Streben nach dem Besitz von Kunstwerken in gehobeneren Kreisen, da dies als Zeichen von Prestige betrachtet wurde. Mit der Erfindung der Kunstwissenschaft Mitte 19. Jahrhunderts wechselte die Kunstkennerschaft von ausübenden Künstlern zu Gelehrten und Kritikern. Dadurch änderte sich der Käuferkreis von Kunstwerken in der Neuzeit, weil Kunst eher für die breite Masse gemacht wurde und Kunstwerke auch als Finanzanlage angesehen wurden. Dies lies die Nachfrage nach Kunstwerken steigen und infolgedessen entwickelte sich die kommerzielle Fälschung von Kunstwerken und die sogenannte Produktpiraterie.

Ein Kunstwerk gilt erst als Kunstfälschung, wenn es vorsätzlich als Werk eines bestimmten Künstlers angefertigt und/oder mit betrügerischer Absicht einem Interessenten vorgestellt, beziehungsweise verkauft wurde. Mit der voranschreitenden Industrialisierung und Digitalisierung wurde es stetig einfacher, Kunst zu fälschen.

Bei der Fälschung von Kunst spielt nicht nur die Kopie eines Werkes eine große Rolle, sondern auch die Fälschung der Signatur. Die Signatur kann hierbei eine Unterschrift oder ein Echtheitszertifikat sein, welche das Kunstwerk als einzigartig verifiziert.

Mittlerweile existieren für die verschiedensten materiellen Objekte Fälschungen, unter anderem Geld-, Mode-, Schmuck- und Dokumentenfälschungen. Ein aktuelles Beispiel ist die Fälschung von Impfpässen. Da diese oftmals nahezu perfekt dem Original ähneln und selbst ein gefälschtes Zertifikat besitzen, ist es beinahe unmöglich für Laien das Original von der Fälschung zu unterscheiden. Selbst die Fälschung immateriellen Objekte, wie beispielsweise Software, hat in den letzten Jahren stark zugenommen, da sich diese nicht patentieren lässt und schnell nachgebaut werden kann.

5 Anwendungsfälle durch NFTs und Smart Contracts

Das Problem von Fälschungen kann durch NFTs behoben werden, da hierbei Echtheitszertifikate dezentral, manipulationssicher und einsehbar auf der Blockchain gespeichert werden. Dies macht es unmöglich, Originale und deren Signaturen zu kopieren. Im Folgenden werden nun Anwendungsfälle dargestellt, um den konkreten Vorteil zu aufzuzeigen.

Das bekannteste Beispiel für digitale Kunst mit NFTs sind die sogenannten „Crypto Punks". Hierbei handelt es sich um eine Kollektion von 10.000 verschiedenen Bildern, welche durch einen Algorithmus erzeugt wurden. Sie besitzen unterschiedlichste Attribute mit verschiedenen Raritätswerten. Allerdings gibt es jede Kombination von Attributen nur ein einziges Mal. Jeder der 10.000 NFTs besitzt eine eigene Token ID, weshalb sie nicht kopierbar sind. Durch den Besitz dieser Token ID auf der Wallet wird der Person das Besitzrecht und das Zertifikat zugeschrieben. Auf diversen Plattformen lassen sich diese NFTs kaufen, verkaufen oder zur Auktion anbieten. So wurde der teuerste Crypto Punk zuletzt für 11.8 Millionen USD versteigert.

Abbildung 4: Crypto Punk #7523

Anmerkung der Redaktion: Diese Abbildung wurde aus urheberrechtlichen Gründen entfernt.

Quelle: Forbes, 2021

Nun lassen sich nicht nur einfache Bilder in NFTs umwandeln. Theoretisch lässt sich auf jedes fungible Objekt ein NFT erstellen.

Der bekannte DJ „Steve Aoki"[1] erstellte beispielsweise ein NFT auf dem seine Musik hinterlegt wurde. Durch den Kauf für knapp 750.000 Euro erhielt der Käufer folglich auch die Rechte an dem Song. So verkaufte auch der Twitter Gründer „Jack Dorsey" das Recht an seinem ersten Tweet für knapp 2,5 Millionen Euro.

Dies sind vor allem Beispiele für einfache Zertifikate oder Signaturen. NFTs können auch für Zertifikate, Zeugnisse, Universitätsabschlüsse oder Literatur erstellt werden, um diese manipulationssicher und unverfälscht zu speichern. Ebenfalls könnten Personalausweise als NFTs erstellt werden, um durch Smart Contracts zum Beispiel Einreiseprozesse zu beschleunigen.

Durch die Weiterentwicklung der Blockchain Technologie und Smart Contracts lassen sich allerdings viele weitere Anwendungsfälle in den verschiedensten Branchen integrieren. Einige davon werden in der folgenden Tabelle dargestellt und anschließend in aller Kürze erklärt.

Tab.2: Smart-Contracts und verschiedene Anwendungsfälle

Industrie/ Branche	Anwendungsfall	Beispiel
Gaming	Charaktere in Spielen mit bestimmten Fähigkeiten	Axie Infinity[2]
Unternehmensfinanzierung	Utility Token (ICO/ STO)	Bitbond [3]
Digitale Unternehmen/ Organisationen	Dezentralized Autonomous Organisation (DAO)	Digix [4]
Immobilien	Tokenisierung von Real Estate	RealToken GmbH [5]

Quelle Eigene Darstellung, 2021

In der Gaming-Industrie haben sich NFTs schon etabliert. So können verschiedene NFTs andere Fähigkeiten für Charakter besitzen, welche innerhalb eines Spieles eingesetzt werden können. Ein Beispiel hierfür ist „Axie Infinity". Hier können die Spieler mit ihren virtuellen Charakteren gegeneinander antreten und virtuelles Land in Form von NFTs kaufen.

---

[1] Steve Aoki https://www.forbes.com/sites/andreazarczynski/2021/04/27/how-dj-steve-aokis-nft-launch-is-shaping-future-music-collaboration/?sh=da333211f802

[2] Axie Infinity Whitepaper. Quelle: https://whitepaper.axieinfinity.com/

[3] BitBond. Quelle: https://www.bitbond.com/

[4] Digix. Quelle: https://digix.global/#/

[5] Real Token GmbH. Quelle: https://realt.co/

Bei der Unternehmensfinanzierung verkauft ein Unternehmen eine gewisse Anzahl an erstellten Token an die Öffentlichkeit. Dieser Prozess nennt sich Initial Coin Offering (ICO). Dadurch erhält das Unternehmen Kapital, um ihr Unternehmen profitabler zu skalieren und die Anleger eine entsprechende Anzahl an Token. Je nach Finanzierungsmodell besitzen die Anleger die Möglichkeit, mit ihren Token ein Recht an der Gewinnbeteiligung oder beispielsweise ein Stimmrecht ähnlich wie bei einer Aktie, ohne dass das Unternehmen börsennotiert sein muss. Das bekannteste Beispiel eines gelungenen ICO in Deutschland ist Bitbond.

Auf einem ähnlichen Konzept basiert die Dezentralized Autonomous Organisation (DAO), welche Organisationen bzw. Unternehmen nutzen, um klassische hierarchische Unternehmensstrukturen aufzubrechen und ohne Firmensitz anonym zu agieren. Hierbei werden durch eine ICO spezielle Token an die Mitglieder abgegeben, welche diese für automatisierte Abstimmungsverfahren beispielsweise über die Verwendung eines gepoolten Kapitals verwenden können und ggf. an den Investitionserlösen beteiligt werden. Bei einer DAO wird oft von einer Art staatenlosen, vollständig transparenten und unbestechlichen Organisation gesprochen, da jede Person sich durch den Erwerb eines Tokens beteiligen und diese Anteile auch wieder veräußern kann.

Die RealToken GmbH hat es sich zur Aufgabe gemacht Immobilien zu tokenisieren. Durch eine ICO verkaufen sie an Anleger eine gewisse Anzahl an Token für eine Immobilie, beispielsweise ein Mehrfamilienhaus. Die Renditen durch die Mieteinnahmen werden anschließend durch Smart Contracts an die Anleger abgegeben. Dadurch gelingt es der Real Token GmbH schnell und mit wenig Aufwand neues Kapital für weitere Projekte einzunehmen, und die Anleger können selbst mit geringen Investitionssummen sichere Renditen durch Immobilien erwirtschaften. Zusätzlich müssen sich diese nicht mit dem Erwerb und die Verwaltung der Immobilien beschäftigen. So können selbst Kleinanleger einen Anteil an einer Immobilie besitzen und von dem Immobilienmarkt profitieren.

6 Praxisbeispiel: Erstellung eines NFTs

Im Folgenden wird mit einer eigenentwickelten Plattform ein NFT erstellt und diesem gewisse Attribute gegeben. Der NFT wird auf dem Testnetzwerk der Solana Blockchain erstellt, da diese die derzeit schnellste und kostengünstigste Blockchain für NFT Projekte ist. Das Praxisbeispiel wird lediglich angeschnitten, da es sonst über den definierten Umfang der Arbeit hinausgehen würde. Dennoch soll es die Transparenz und Einzigartigkeit von NFTs verdeutlichen, visualisieren und einen kurzen Überblick über die Blockchain und den Erstellungsprozess von NFTs verschaffen.

Um ein direkten Praxisbezug zu erhalten, wurde ein NFT des Logos der IU Internationale Hochschule erstellt. Dies wurde mit einer Wallet für die Solana Blockchain erstellt. Der öffentliche Schlüssel der Wallet lautet: „AjWRBqM6zcz3AB9Q7oqKA34XryunuUPjmwCzhYnnHALB". Die folgende Abbildung zeigt die Wallet ID mit dem dazugehörigen NFT.

Abbildung 5: Wallet und IU NFT

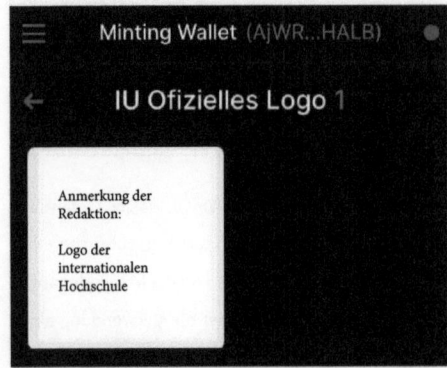

Quelle: Eigene Darstellung, 2021

Da jede Transaktion auf einer Blockchain einsehbar ist, können nun alle Informationen bezüglich des NFTs und auch der dazugehörigen Wallet abgerufen werden.

Abbildung 6: NFT auf Sol Scan

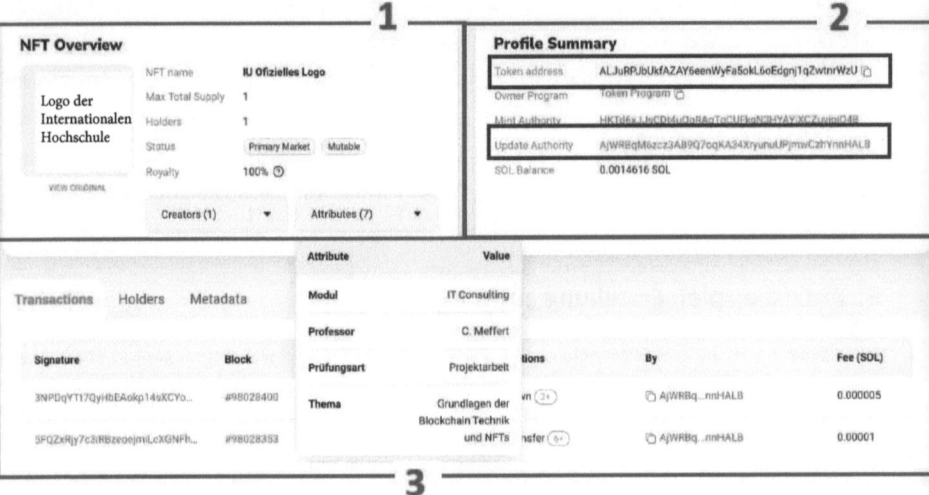

Quelle: Eigene Darstellung, 2021

Da die Abbildung auf den ersten Blick unübersichtlich ist, wird sie in verschiedene Teilbereiche unterteilt und erklärt.

Teilbereich eins zeigt die Übersicht des NFTs. Dort werden die grundlegenden Informationen wie das Bild, der Name, die Ersteller und die Attribute angezeigt.

In Teilbereich zwei befindet sich die Token Adresse. Diese ist einmalig und eindeutig diesem NFT zuweisbar. Zusätzlich lässt sich dort unter „Update Authority" erkennen, welcher Wallet der NFT zugewiesen wurde. Wie zu erwarten, wird dort der öffentliche Schlüssel der erstellten Wallet angegeben.

In Teilbereich drei sind nun alle Transaktionen bezüglich des NFTs ersichtlich. Hierbei lässt sich erkennen auf welchem Block und die dazugehörige Signatur der Transaktion gespeichert wird. Zusätzlich wird angezeigt, welche Wallet die Transaktion ausgeführt hat und was die dazugehörige Gas Fee beträgt. Falls dieser NFT nun an eine andere Wallet versendet wird, steht dies ebenfalls im Transaktionsprotokoll. Des Weiteren sind dort die Attribute, welche dem NFT zugewiesen wurden, eingeblendet. Sie befinden sich ebenfalls in den Metadaten.

7   SWOT Analyse NFTs

Da nun ein allgemeines Informationen über Blockchain Technologie, NFTs und deren Erstellungsprozess gegeben wurde, werden nun auch die negativen Aspekte, beziehungsweise die Risiken und Schwächen von NFTs beleuchtet. Da die Arbeit verschiedene Einsatzmöglichkeiten von NFTs beleuchtet, wird sich nun auf die Erstellung von Digital-Arts durch Einzelpersonen oder Unternehmen fokussiert.

Abbildung 7: SWOT-Analyse für die Nutzung von NFTs im Bereich Digital Arts

SWOT-Analyse	Stärken (Strenghts) - Manipulationssicheres Zertifikat - Dezentrale Speicherung - Transparenz - Skalierbarkeit	Schwächen (Weaknesses) - Kein physisches Objekt (nur digital) - Kostenintensive Entwicklung (Programmierung der Plattformen, Smart Contracts …)
Chancen (Oppertunities) - Innovation - Automatisierung von Prozessen - Digitalisierung von realen Objekten	SO – Strategie - Innovationskraft und neue Technologien nutzen, um sich als Vorreiter in neuer Branche zu etablieren	WO – Strategie - Nach der Entwicklung kann viel Arbeit eingespart werden - Zu dem digitalisierten Zertifikat kann ein „reales" Kunstwerk mitgeliefert werden
Risiken (Threats) - fehlende Offenheit für neue Technologien -fehlende breite Marktakzeptanz	ST – Strategie - Einzelpersonen haben die Möglichkeit mit ihren Kunstwerken bestimmte Zielgruppen anzusprechen	WT – Strategie - Eigenentwicklung nutzen - Kleine Projekte nutzen, um Marktforschung durchzuführen - OpenSource Frameworks zur Erstellung nutzen (Bsp. Metaplex)

Quelle: Eigene Darstellung, 2021

Durch die SWOT-Analyse sollen alle Gesichtspunkte von NFTs erleuchtet werden. Der kritischste Punkt liegt bei der Akzeptanz des breiten Marktes, da aktuell die meisten Personen die Technik hinter NFTs nicht verstehen und diese nur als normales Bild interpretieren.

8 Kritik an Kryptowährungen und NFTs

Die vergangenen Kapitel haben Stärken und Vorteile der Blockchain-Technologie aufgezeigt. Um dieses Thema wissenschaftlich neutral darzustellen, sollen nun auch gewisse Schwächen und Nachteile erläutert werden.

Zu den größten Kritikpunkten zählen die Nutzerunfreundlichkeit und Eigenverantwortung von Kryptowährungen. Die sich die Blockchain Technologie noch in einer sehr frühen Entwicklungsphase befindet, fokussieren sich vielen Firmen auf die technische Lösung eines Problems und weniger auf die Anwenderfreundlichkeit für den Benutzer. Viele Zentrale Krypto Börsen sind für Einsteiger sehr unübersichtlich, da sie ein breites Gebiet an Funktionen anbieten. Die größte Konsequenz hierbei ist die große Einstiegshürde für Personen, welche sich mit diesem Themengebiet nicht auskennen. Zusätzlich gibt es bei DApps keinen Verantwortlichen. Die Verantwortung wird an die beteiligten Personen übertragen. Es gibt keinen Kundensupport, der Fragen beantworten und Probleme lösen kann. Jede Person besitzt den Private Key zu ihrer Wallet. Wenn dieser verloren geht, gibt es keine Möglichkeit einen neuen anzufordern, beziehungsweise das alte Passwort per E-Mail wiederherzustellen. Es gibt, nicht wie bei einem Notar, eine neutrale Stelle, die etwas wie das Vertrags- und damit Besitzverhältnis bestätigen und damit bei der Wiederherstellung helfen kann. Geschichten von Personen, welche den Zugang zu ihrer Wallet mit Millionenbeträgen verloren haben, schrecken Neueinsteiger ab. Dadurch bleiben diese doch lieber bei dem alten System einer zentralen Verwaltung durch eine Bank und geben die Verantwortung ab, welche für Schäden und Verluste haftet.

Wie im Kapitel Grundlagen der Blockchain-Technologie (vgl. 2.1) erwähnt, funktionieren Transaktionen auf einer Blockchain nur durch die Konsensbestätigung und die Bereitstellung von Rechenleistung durch Miner, welche in Form von Kryptowährungen entlohnt werden. Bei vielen Transaktionen auf einer Blockchain kann es passieren, dass mehrere Millionen Euro an einem Tag für Elektrizität verschwendet werden, um den Konsens zu erzeugen. Da die Erstellung von NFTs auch eine Transaktion auf der Blockchain Technologie ist, wird dieser auch eine gewisse Ressourcenverschwendung und Kosten zugeschrieben. 95% aller NFTs laufen auf der Ethereum Blockchain, bei der Interaktionen mit der Blockchain aktuell besonders teuer sind. So kann die Erstellung eines NFTs über 100$ kosten. Zu diesem Kritikpunkt lässt sich allerdings anmerken, dass andere Blockchain Technologien wie beispielsweise Solana auf dem Proof of Stake Konzept konzipiert sind und dadurch deutlich kostengünstiger und ressourcensparender sind. Zusätzlich hat Ethereum angekündigt ein umfassendes Update zu entwickeln, um die Gas Fees herabzusetzen und ressourcensparender zu agieren. Wann dieses Update implementiert werden soll, ist zurzeit noch unklar.

Dies führt uns zum nächsten Nachteil, der Starrheit und den Skalierungslimitierungen einer Blockchain Technologie. Es ist extrem schwer, Updates in eine Blockchain Technologie zu implementieren, da dafür die Zustimmung der Mehrheit der Community benötigt wird. Um eine Aufspaltung der Blockchain, sogenannte „Forks", zu verhindern können sogenannte Smart Rules genutzt werden, diese können die Zukunft einer Blockchain ohne die Zustimmung ihrer Teilnehmer bestimmen. Auf den ersten Blick widerspricht dies dem Prinzip der eigentlichen Dezentralisierung der Blockchain-Technologie. Auf das Konzept und die Funktionsweise der Smart-Rules und Forks wird in dieser Arbeit nicht weiter eingegangen.

9 Fazit und Ausblick in die Zukunft

Aktuell befindet sich die Welt fast ausschließlich in zentralisierten Systemen. Auch wenn dies zunächst unwahrscheinlich scheint, so werden sich in den nächsten Jahren mehrere dezentrale Systeme herauskristallisieren, welche „das Gegengewicht zur momentan noch allgegenwärtigen Zentralisierung" (Hosp, 2018) darstellen. Dies gelingt nur durch die Umsetzung auf einer Blockchain-Technologie. Im vergangenen Jahrzehnt haben sich zahlreiche Blockchain-Technologien weiterentwickelt und zunehmend steigende Aufmerksamkeit erhalten. Vor allem durch die steigende Adaption im institutionellen Bereich und El Salvador, einem Land, welches als erstes weltweit Bitcoin als eine anerkannte Staatswährung deklarierte, ist davon auszugehen, dass diese Massenadaption weiter voranschreiten wird. Ein unterstützender Faktor für diese Entwicklung ist die Ankündigung großer Tech-Firmen wie Meta, Square und PayPal, in Zukunft hunderte Millionen Dollar in die Entwicklung von Blockchain und NFTs zu investieren. So hat Meta bereits angekündigt, Krypto-Transaktionen mittels WhatsApp zu implementieren, was die Einstiegshürde für jeden erleichtern wird.

Smart Contracts werden in Zukunft eine große Rolle im Bereich der Automatisierung von Prozessen in den verschiedensten Branchen spielen und vor allem Kryptowährungen, auf deren Blockchain Technologie Smart Contracts ressourcensparend und effizient implementiert werden können, werden eine profitable Kapitalanlage darstellen. Als große Chance im Markt mit viel Potential werden hierbei Solana, Tron und Cardano angesehen. Ethereum ist aktuell nach Marktkapitalisierung die größte und bekannteste Blockchain Technologie, auf der Smart Contracts implementiert werden können. Allerdings schrecken die hohen Gas Fees und langsamen Transaktionen vor allem Neueinsteiger ab. Wenn es den Entwicklern gelingt, diese Schwächen durch ein Update zu beheben, wird Ethereum höchstwahrscheinlich auch an erster Stelle bleiben.

Die Forschungsergebnisse haben gezeigt, dass durch NFTs zahlreiche Anwendungsfälle in verschiedenen Branchen abgebildet werden können. Es wurde gezeigt, inwiefern sich ein FT von einem NFT unterscheidet und dass die Umsetzung von Digital-Arts mit NFTs durchaus einen echten Mehrwert im Zeitalter der Kunstfälschung und Produktpiraterie aufgrund der Transparenz und Manipulationssicherheit der Blockchain bietet. Das digitale Zertifikat kann zudem für die verschiedensten Anwendungsfälle genutzt werden.

10 Literaturverzeichnis

APENFT (2021). Whitepaper. Abgerufen am 14.12.2021 von https://apenft.org/book/A-

PENFT%20White%20Paper.pdf

Deutsche Bundesbank. (2021). Der Einfluss der Geldpolitik des Eurosystems auf Bitcoin und andere

Krypto-Token. Abgerufen am 14.12.2021 von https://www.bundesbank.de/re-

source/blob/876224/00faff2d7eab29fb90a4f36381d86964/mL/2021-09-geldpolitik-krypto-

token-data.pdf

Dr. Hops, J. (2018). Blockchain 2.0 – mehr als nur Bitcoin: Gefahren und Möglichkeiten aller 100

innovativsten Anwendungen durch Dezentralisierung, Smart Contracts, Tokenisierung und

Co. einfach erklärt. FinanzBuch Verlag.

Forbes. (2021). The 5 Most expensive NFTs on the Market. Abgerufen am 14.12.2021 von

https://www.forbes.at/artikel/the-5-most-expensive-nfts-on-the-market.html

How a smart contract works. (o.J.) Abgerufen am 14.12.2021 von https://www.bit-

panda.com/academy/de/lektionen/was-sind-smart-contracts-und-wiefunktionieren-sie

Kaulartz, M. Heckmann, J. (2016). Smart Contracts – Anwendungen der Blockchain-Technologie.

Abgerufen am 14.12.2021 von https://www.degruyter.com/document/doi/10.9785/cr-

2016-0923/html

Nakamoto, S. (2008). Bitcoin: A Peer-to-Peer Electronic Cash System. Abgerufen am 14.12.2021

von https://bitcoin.org/bitcoin.pd

Nakamoto, S. (2009). Bitcoin open source implementation of P2P currency. Abgerufen am

14.12.2021 von http://p2pfoundation.ning.com/forum/topics/bitcoin-open-source

BEI GRIN MACHT SICH IHR WISSEN BEZAHLT

- Wir veröffentlichen Ihre Hausarbeit,
  Bachelor- und Masterarbeit

- Ihr eigenes eBook und Buch -
  weltweit in allen wichtigen Shops

- Verdienen Sie an jedem Verkauf

**Jetzt bei www.GRIN.com hochladen
und kostenlos publizieren**